Reinhard Staubach
Ein Kiesel zum Verlieben
Gedichte

MIX
Papier aus verantwortungsvollen Quellen
Paper from responsible sources
FSC® C105338

Reinhard Staubach

Ein Kiesel zum Verlieben

Gedichte

Umschlagbild:
Ostsee, Woliński Park Narodowy,
Międzyzdroje, Polen

Reinhard Staubach
Ein Kiesel zum Verlieben
Gedichte

2. Auflage

© Copyright by Reinhard Staubach
Ebersbach-Musbach, 2014

Herstellung und Verlag: BoD - Books on Demand,
Norderstedt

Nachdruck und Vervielfältigung jeder Art, auch auf Bild-, Ton-,
Daten- und andere Träger, insbesondere Fotokopien (auch zum
privaten Gebrauch), sind nicht erlaubt und nur nach vorheriger
schriftlicher Absprache mit dem Autor möglich.

www.reinhard-staubach.de

ISBN 9783735719584

Inhalt

Grenzen	7
Woran denkst du?	8
Danke	10
Die Schnittblume	11
Diversa	12
Liebe	13
Hör ich Neid?	14
Wegweiser	15
Sand, Sand, Sand	16
Der Künstler nachts	18
Raunen	21
Entscheidung	22
Geschenk für B.	23
Gesucht	25
Darum	27
Jan im Internet	28
Mein Gefühl	33
Die bösen Buben	34
Glauben	37
Ewige Suche	38
Oh WWW	39
Sechs Komma acht Gramm	41
Zeichen	43
Im Garten	44
Immer wieder montags	45
Umwelt	47
Verloren	48
Die Lüge	49
Der Stein	50
Noch ein Stein	51

Grenzen

Ruhig suchen kräftig bunte Kühe
auf der grünen Weide still ihr Gras.
Dünne Drähte schließen ohne Mühe
ihren Willen in ein Einweckglas.

Denn der Draht, dass wissen Wiederkäuer,
beißt sie in die Nase ohne Scheu.
In ihm sitzt ein winzig Ungeheuer,
das allein dem Bauern stets ist treu.

Es reißt keine blutig tiefen Wunden,
fletscht die Zähne nicht, gibt keinen Laut.
Doch die Schmerzen werden stark empfunden,
jede Kuh bekommt 'ne Gänsehaut.

Lächelst du nun über jene Wesen,
weil sie träge scheinen und auch dumm?
Glückwunsch, wenn du ohne Federlesen,
jeden heft'gen Schlag begrüßt mit Mumm.

Woran denkst du?

»Nun, woran denkst du?«, will sie wissen?
Er schweigt auf seinem weichen Kissen.
»Jetzt sag schon«, bohrt sie unnachgiebig.
Das macht ihn innerlich ganz kiebig.

Schon wieder diese schlimme Frage.
Es liegt wohl an der Erbanlage.
Grad gestern sagte er ganz seiden:
»Ich kann dich wirklich prima leiden.«

Zuvor, da sprach er ohne Hiebe:
»Du weißt, wie ich dich liebe.«
Und vor drei Tagen, kaum verflossen:
»Ich bin doch ganz in dich verschossen.«

Die dunkle Nacht schweigt für sie beide.
Nun steht es auf der Messerschneide.
Wenn er nicht sagt die richt'gen Worte,
ist sie schnell an der Klosterpforte.

Das Frühstück dann, am nächsten Morgen,
ganz klar, er muss sich selbst versorgen.
Drum besser jetzt die grauen Zellen,
dem Dienst der guten Sache stellen.

Warum tut sie es denn nicht fühlen?
Muss jeden Tag erneut durchwühlen,
sein Dachstübchen nach finst'ren Spuren,
das bringt ihn vollkommen auf Touren.

Wie gern würd' er jetzt einfach schlafen
im friedevollen Ehehafen.
Jedoch, die Frage hängt im Raume,
wie schön, verschwände sie im Traume.

Er greift nach ihren schmalen Händen,
und hofft, die Antwort auszublenden.
Nun hier und dort, das weiß doch jeder,
riskiert der Mann die Spannungsfeder.

Man darf es nur nicht übertreiben,
muss sonst am End' noch selber leiden.
Allein der Nervenkitzel stiftet,
dass abgesetzter Kalk sich liftet.

Nie gab es Anlass sich zu grämen.
Er kann sich nämlich gut bezähmen.
Da war der Abend mit der Panne.
Sie denkt doch nicht - er und Susanne?

Ein Jux im Mai, vor Ewigkeiten.
Er musste sie doch heimbegleiten.
Der Kuss, das war nun wirklich flüchtig,
sie ist deshalb wohl eifersüchtig.

Will sie es darum täglich hören?
Womit kann er sie noch betören?
»Ich liebe dich«, haucht er gebrochen,
als hab er sich arglos versprochen.

Das Wort, es wirkt wie eine Losung.
Gezielt umhüllt ihn wild Liebkosung.
Die Frau ist bärenstark und mächtig,
extrem olympiaverdächtig.

Danke

Der Mensch erblickt das Licht der Welt im Schmerz,
so lautstark, dass es ist, um auszuflippe.
Auch wenn die Mutter drückt es an ihr Herz,
kein Baby hat ein »Danke« auf den Lippen.

Dies kleine Wörtchen muss man lernen bald,
damit die Umwelt schaut und nickt zufrieden.
Nicht jedem ist der große Sachverhalt
gleich einsichtig, er wird deshalb gemieden.

Ein »Danke« sollte selbstverständlich sein
bei großen und auch kleinen Taten,
gibt Glanz dir wie der Schliff dem Edelstein,
wirkt stets recht freundlich, niemals abgetragen.

Wer »Danke« selbstlos schnell zu sagen weiß,
vermeidet, dass die andern sauer werden.
Er kommt so schnell nicht auf ein Abstellgleis,
tut seinen guten Namen nicht gefährden.

An jeden, der jemals geholfen hat,
die klugen Leute schreiben Dankesbriefe.
Denn jene Zeilen haben viel Substrat,
verschönern jede Zukunftsperspektive.

Die Schnittblume

Im Doppelpack

Rose gebrochen.
Finger gestochen.
Blut gerochen.

Vase leer.
Blume her.
Ein Freudenmeer.

Diversa

Frühzeitig hat sich Frau Müller gebettet.
Da, ein Feuer - es war nicht angekettet!
Es brannte so hell,
es brannte so schnell.
Nichts als die Streichhölzer hat sie gerettet.

Ein Millionär in Genf jammert schwer.
Wo nimmt er neue Millionen her?
Die Konten sind blank.
Nichts ist mehr im Schrank,
und die Ehefrau sonnt sich am Meer.

Harry Potter, junger Zauberlehrling,
jedes Jahr begeistert nach Hogwarts ging.
Der böse Lord Voldemort,
dunkel sein Aufenthaltsort,
begünstigt, dass er Millionen einfing.

Vor einer halben Ewigkeit Propheten,
ermahnten streng zum Fasten und zum Beten.
Herrscher voller Zorn,
nahmen sie aufs Korn.
Der Seher Lohn sind himmlische Tapeten.

Liebe

Nicht nur im spannenden Roman
hat Liebe freie Bahn.
Im Film und auch auf den CDs
seufzt es von Ach und Wehs.
Da wird gelacht, geküsst, geliebt,
bis es dann eine Ehe gibt.

Im Leben all zu oft
es nicht so klappt, wie man erhofft.
Doch mit Beharrlichkeit
wird jeder schnell gescheit.
Ein liebes Wörtchen hier und da,
schon steh'n sie vorm Altar.

Es soll für immer sein
und nicht nur so zum Schein.
Probleme, Ärger, Sorgen viel
vergällen meist das Liebesspiel.
Doch wenn man geht in gleichem Schritt,
dann geht die Liebe ewig mit.

Hör ich Neid?

Oh Bruno, hör ich Neid?
Doch nein, du bist gescheit!
Dein Schmunzeln um den Mund
verrät: Du bist kein Hund,
der aus dem Hinterhalt
laut mit der Büchse knallt.

Nie stiehlst du einem Wicht,
wie mir, das wen'ge Licht.
Dein Wort ist immer wahr
und meistens wirklich klar.
Verzeih mir den Verdacht.
Hurra, der Bruno lacht!

Wegweiser

Abkürzungen
entpuppen
sich oft
als
finstere Wege.

Böse Wegweiser
sind schlimmer
als
böse
Verfolger.

Dunkle Mächte
zeigen
nicht
den Weg
ans Licht.

Zu viele
Wegweiser
verstellt
den
Weg.

Auch wenn der Weg
finster wird,
geht nicht jedem
ein Licht
auf.

Sand, Sand, Sand

Ich träumte sandig einst in einem Traum:
So weit das Auge reichte Sand,
von Sylt bis weit nach Helgoland
kein einzig Halm, kein Strauch und auch kein Baum.

Langusten, Krebse, Muscheln, Fische fort.
Kein Feuerschiff und keine Gischt,
wo sonst der Sturm die Wellen drischt.
Die Sonne schien, wie mystisch dieser Ort.

Ich packte die Gelegenheit beim Schopf,
schritt lernbereit ins sand'ge Tal.
Da tönte oben ein Choral.
Dicht über mir erschien ein Geierkopf.

Der Vogel schwang den Stab wie Karajan:
»Das tägliche Brot gib uns heut!«
Ein Schnabelchor grinste erfreut.
Die Geier streuten auf mich Parmesan.

Ich lief und lief, die Sonne brannte heiß,
die Zunge klebte mir am Zahn,
ich nähme jetzt auch Lebertran.
Ganz ferne leuchtete Zitroneneis.

Es war, wie konnte es nur anders sein,
aus Plastik merklich schön geformt
und sicherheitshalber genormt.
Oh weh, um Helgoland lag viel Gebein.

Bestürzt rannte ich schnell zum Oberland,
da brüllten mich sechs Löwen an,
zerreißend den Klabautermann.
Ein Strauß stand da, den Kopf im Sand.

Die Löwen brauchen keinen Firstclass-Koch,
schon spürt' ich ihrer Zähnepracht,
bin schweißgebadet dann erwacht.
Ein Glück, dass Meer ist dicht und hat kein Loch.

Der Künstler nachts

Hübsch sind Loni und Christine,
beide stets auf flotter Schiene.
Lonis schwarzes Haar ist lockig,
blond Christines, lang und flockig.

Meist nur Häppchen auf der Gabel,
schieben sie in ihren Schnabel.
Nämlich, die Figur muss stimmen,
fernerhin tun sie sich trimmen.

Dicke Freundschaft bindet beide,
ach sie sind 'ne Augenweide.
Künstler sehen das sofort.
Einer wohnt sogar Vorort.

Malen will er die Christine,
lädt sie ein, die hübsche Biene.
Treffen tun sie sich präzise,
und er malt sie auf 'ner Wiese.

Leute bleiben steh'n und schauen.
Soll'n sie ihren Augen trauen?
Weithin glänzt das gold'ne Haar,
glüht des Mädels Lippenpaar?

»Mich küsst heut die wahre Muse«,
schwärmt der Künstler mit Geschmuse.
»Komm ins Atelier bei Nachte,
große Werk' ich dort vollbrachte.«

Freudenschauer laufen schnelle
durch des Mädels Vorsichtsschwelle.
Ach, er ist ein toller Kerle,
eine echte Künstlerperle.

Er kann alle Geister wecken,
das muss sie der Freundin stecken.
»Riechste nicht den süßen Honig?«,
schimpft die Loni laut hochtonig.

»Blonde Frauen, Gott erbarme,
gleich nimmt er dich in den Arme!
Was dann folget, meine Süße,
es ist klein, hat Kopf und Füße.«

Affirmiert Christine lachte:
»Dieser Lump, ich gleich's mir dachte.«
Kummervoll will sie vergessen,
dass sie einst auf ihn versessen.

Doch die Loni nachts alleine,
tapst verwegen zu dem Haine,
wo der Maler wohnt im Grünen,
mit dem langen Haar, dem kühnen.

Mitternacht ist schon vorüber,
»Uhu« tönt es leis' herüber.
Oben ist noch Licht im Hause,
Künstler machen niemals Pause.

Ehrfurchtsvoll blickt sie zum Fenster,
droben wohnt kein begrenzter.
Knarrend öffnet sie die Türe,
fast es ihr die Kehle schnüre.

Dunkelheit, wo ist der Schalter?
Huch, ein Spiegel, ein uralter.
Klirrend er zu Boden gehet,
jeder weiß jetzt, wo sie stehet.

Starr lauscht Loni in die Stille,
riechen tut es nach Vanille.
Da! Die Treppe sie erspüret.
Sicherlich zu ihm sie führet.

Loni leise steigt nach oben.
Wird der Künstler zornig toben?
Er kann ja nicht wissen müssen,
keck und kühn will sie ihn küssen.

Dumpfe Töne auf den Fluren,
von dem Maler keine Spuren.
Sanfte Musik klingt von drüben,
wird er sie etwa betrüben?

Schon steht sie in seiner Werkstatt,
wo der Künstler helles Licht hat.
Weit gestreckt die Arm und Beine,
liegt der Meister dort im Scheine.

Seine Augen fest geschlossen,
einem Traume hingegossen.
Loni will es nicht verdauen,
mag nicht ihren Augen trauen.

Da ist Schluss mit der Romantik,
aus dem Fernsehn tönt es kantig:
»Gut, das Sie verglichen haben.
Nun könn' Sie nach Hause traben.«

Raunen

Ich steh am Gestade
und lausche dem Raunen
der Wellen vor zweihundert Jahr.

Sie flüstern vom Seemann,
der aus Stolpmünde heimlich
in Liverpool blieb.

Von dort, auf großer Fahrt,
über Guinea erreichte er
Westindien nicht mehr.

Sein Schiff trotzte Stürmen,
er lag schwer im Fieber und fand sein Grab
in den Fluten bei frei gewordenen
Sklaven.

Entscheidung

Nicht immer
kannst du
den Rechtschaffenen
vom Schlechten
unterscheiden.
Deshalb zögere nicht,
nachdem du erfahren hast,
auf wessen
Seite
du standest.

Geschenk für B.

Wenn »Stille Nacht« im Kaufhaus klingt
und Nikolaus die Glocke schwingt,
dann blickst du auf und - alles klar,
zu Ende geht ein buntes Jahr.

Für jeden hast du ein Geschenk.
Du willst zum Fest ja kein Gezänk.
Doch Halt! Der Onkel B. aus Wien?
Verdammt! Du hast noch nichts für ihn.

Wohl jeder Clan hat einen Spross,
der wohnt hoch überm Dachgeschoss.
So sagt man von dem B. aus Wien.
Drum schnell noch durch die Läden zieh'n.

Für ihn, der nichts mehr braucht,
wird man besonders tief geschlaucht.
Schon letztes Jahr war er 'ne Plag.
Du wusstest nicht, was er gern mag.

Krawatte, Schlips oder ein Buch?
Vielleicht tät' es ein Badetuch?
Das gelbe oder lieber blau?
Man wird aus Onkel B. nicht schlau.

Mit einem warmen Schal hinaus?
Er schaut partout nicht lieblos aus.
Beklemmt und zweifelnd du bezahlst.
Gar wenig Freude dir ausmalst.

Das Fest ist da, auch Onkel B.
Ihn schreckte nicht der tiefe Schnee.
Geschenke liegen unterm Baum.
Auch deins, so klein - es ist kein Traum.

Doch Onkel B. sagt still gerührt:
»Dem Kleinen wirklich Ehr gebührt.
Das Große wollen viele tun,
sie strampeln sinnlos oder ruhn.«

Gesucht

Wo ist die Frau nicht nur für heute?
Den Himmel würd' ich ihr gern schenken,
damit sie lacht und sich schön freute,
will täglich ich an sie nur denken.

Ich biete Tiefgang mit viel Liebe
und möcht' nicht auf den Zufall hoffen.
Ich bin kein Rädchen im Getriebe
sehr maskulin, unübertroffen.

Mit mir kannst du stets Pferde stehlen,
beim Camping und sogar in Gala.
Ich will es besser nicht verhehlen,
ich hab 'ne breite Künstlerskala.

Gespräche werden wir viel führen,
bei Kerzenschein in sanftem Tone.
Auch zärtlich darfst du mich berühren,
bin keine kalte Sportskanone.

Es ist nicht aus der Luft gegriffen:
Erfahrung war oft hart und schmerzlich,
hat meine Kanten glatt geschliffen,
nun bin ich rund und sanft und herzlich.

Ich stehe gut und fest im Leben,
bin elegant und jung geblieben,
bereit mit dir hinfort zu schweben.
Es braucht mich niemand anzuschieben.

Gesund und stark trotz ich Gewalten,
welch Pech, dass wir uns noch nicht sahen.
Du wirst mich sicher gern behalten,
ich glaub, ich hör' dich auch schon nahen.

Du findest mich am Strand bei Emden.
Greif zu, bevor ich fortgetrieben,
denn sonst erhaschen mich die Fremden.
Ich bin ein Kiesel zum Verlieben.

Darum

Du fragst Gott: »Warum lässt du das zu?«
Und verschließt dann deine schönen Ohren,
weil du glaubst, er hört ja doch nicht zu?
Doch bei ihm ist ewig nichts verloren.

Du fragst Gott: »Warum lässt du das zu?
Schau das große Leid, es trifft die Armen!
Liebst du deine Kinder nicht partout?
Willst du sie nicht schnell und warm umarmen?«

Du fragst Gott: »Warum lässt du das zu?
Siehst du nicht das Unrecht, tust du schlafen?«
Er dir antwortet: »Nun hör mir zu.
Weshalb sollt ich sonst die Schlechten strafen?«

Jan im Internet

Entzückt und feurig brettert Jan,
er weiß, was sein Computer kann,
umrundet den Globus komplett,
sein Ziel, das liegt im Internet.

Wie war noch die Adresse gleich?
Der Browser spielt doch keinen Streich?
Kam da ein Punkt oder ein Strich?
Ordnung muss sein, sonst geht es nich'.

Es war ein Punkt, die Bahn ist frei.
Jan blickt in eine Bücherei.
Wo ist nur gleich der richt'ge Knopf?
Er greift sich an den heißen Schopf.

Wild rast der Cursor hin und her,
der Bildschirm füllt sich, bleibt nicht leer.
Ein Sound ertönt von irgendwo.
Genau gesagt muss Jan auf's Klo.

Zeigt sich sein Körper ungeniert,
die Spannung überstürzt gefriert.
Jedoch so schnell gibt Jan nicht auf.
Er sucht den Knopf, da will er drauf.

Aha, der rote, alles klar.
Nun kann er starten, wunderbar!
»Der Böse und das wilde Biest!«
Empört, Jan auf dem Bildschirm ließt.

Hier war doch ein verbot'nes Bild?
Verdammt, wo ist das alte Schild?
Blitzartig hat er es␣grafft,
das irre Bild ist abgeschafft.

Kein Link ist irgendwo versteckt.
Der Bildschirm sauber und geleckt.
Mit finst'rem Blick und mit der Maus
rotiert der Jan im Kreis aufs Aus.

Ob was im Email-Kasten steckt?
Die sieben Mails sind gleich entdeckt.
Sechs lange Briefe schrieb der Klaus.
Der Blödmann wohnt doch hier im Haus.

Nichts ist dem heilig oder fromm.
Sein Dad zahlt an die Telekom.
In jedem Brief ein neuer Tipp,
und angehängt ein weiß' Geripp'.

Ein Spiel hat es ihm angetan.
Das schaut der Jan sich auch gleich an.
Fünf Autos rasen querfeldein,
das gelbe will der Sieger sein.

Jan weicht den Steinen aus, eiskalt,
die Bremsen quietschen, das es hallt.
Ein Reifen fliegt vom BMW,
hipp, hopp, der Wagen liegt im Schnee.

Doch weiter geht die wilde Jagd.
Hinauf den Hügel, keiner klagt.
Ein großes Nashorn stellt sich quer,
das Horn zum Angriff, bitte sehr.

Der blaue Wagen, welch ein Krach,
der sah das Tier zu spät und ach,
das digitale Blut spritzt raus.
Für ihn ist nun das Rennen aus.

Drei Autos noch im Wettkampf sind.
Sie stieben weiter gegen Wind.
Ein Urwald reist den Rachen auf.
Die Fahrer nehmen das in Kauf.

Die grüne Karre ist wohl blind,
rast in Lianen, toll geschwind.
Nun hängt sie wie ein toter Lurch,
und alle Räder drehen durch.

Jetzt kämpfen nur noch zwei um Sieg.
Verbissen Jan erklärt den Krieg.
Sein Hobel liegt an zweiter Stell'.
Achtung, jetzt wird es kriminell.

Was wirft der Gelbe aus der Tür?
Niemals gehört das je zur Kür.
Dem Zeug kann Jan nur knapp entkomm',
Der Typ hat Nägel mitgenomm'!

Sie rasen durch die Wüste nun,
es gibt nichts besseres zu tun.
Der Staub fliegt aus dem Monitor,
jetzt raucht beim Gelben der Motor.

Nie macht der dieses Rennen je,
denkt leis' der Jan, und lacht in spe.
Fest hat er schon das Ziel im Blick,
umklammert teuflisch den Joystick.

»Game over!«, und das Spiel ist aus.
Der Gelbe triumphiert, ein Graus.
Nur knapp der Jan dies Match verlor,
es glüht ihm links und rechts ein Ohr.

Ein blödes Spiel, Jan still moniert,
jedoch er stets nach Neuem giert.
Die Page mit News ist aktuell,
zeigt dufte Spiele generell.

Was blinkt dann da so imposant?
Ein alter Mann in neu'm Gewandt?
Mal seh'n, was der noch alles kann.
Wer kennt ihn nicht, den Muskelmann?

Sehr stark und furchtlos ganz allein,
sackt er die Bösewichte ein.
Der Terminator ist kein Depp,
fliegt stolz und ohne Handycap.

Schon killt er den Ganoven hier,
da wächst eine Drache aus der Tür.
Der Jan am Stick schaut megacool,
bleibt ungerührt auf seinem Stuhl.

Der Lindwurm brüllt, speit Feuer viel,
nun wird es heiß, das geile Spiel.
Schon schmilzt ein Bein vom Eisenmann,
doch der streckt seinen Finger dann...

Der Bildschirm plötzlich kollabiert,
und eine Message sich platziert:
»Für einen Apfel und ein Ei,
ist dieses Spiel für dich gleich frei.

Den gelben Kasten fülle aus!
Denn hundert Mark hast du im Haus.
Dann kannst du spielen unbegrenzt,
und wirst zum Schluss auch noch bekränzt.«

Mein Gefühl

Intensiv
wie Veilchen und Gülle.
Sanft
wie eine Schneeflocke und ein Vulkan.

Stark
wie das Wort und verbranntes Papier.
Kreativ
wie Gott und das Ticken der Uhr.

Lieblich
wie ein sonniger Urlaubsmorgen und Salzsäure.
Satt
wie das blaue Meer und ein schwarzes Loch.

Mein Gefühl
verrät mir die Wahrheit oder
betrügt mich,
wenn ich es nicht schärfe.

Die bösen Buben

Die Tina ist ein fröhlich Kind.
Zur Schule ging sie frohgesinnt.
Doch dann kam sie nach Haus mit finst'rer Min',
sie war total verstimmt und aus der Schien'.

Der Vater wundert sich gar sehr,
wo kam der große Wandel her?
Vor einer Woche hat sie noch gelacht,
weil ihr die Schule so viel Freude macht.

»Nun sag schon liebes Kind«,
der Vater das Gespräch beginnt.
»Was ist es, das dich quält,
und dich beinah entseelt?«

Die Tina will nichts sagen, schließt den Mund
als hätte sie Gedächtnisschwund.
Doch Vater fragt ganz ungeniert,
darauf die Tochter explodiert:

»Die bösen Buben ärgern mich,
schon gestern, heute, fürchterlich!
Ganz schlimme Wörter sagen sie,
die hört im Hause man hier nie!«

Die Problematik ist nun laut bekannt,
der Feind akzentuiert genannt.
Die liebe Tochter ist ganz down.
Wie können sich die bösen Jungs getraun?

Ein guter Rat muss her,
doch Vaters Hirn ist plötzlich leer.
Die Tochter braucht doch seinen Schutz,
wie haut er nun am besten auf den Putz?

Er martert sein Gehirn
und kräuselt seine Stirn.
Die bösen Buben sollen fühlen bald,
es regt sich bei ihm Urgewalt.

Soll er die Lehrer bringen flugs auf Trab,
verlangen einen Krisenstab?
Beamte denken klein
und sähen nicht die Pein.

Wenn heimlich hinter Hecken mit viel Wut,
der Vater kennt die Buben gut,
sie seine Tochter mit dem Stock
auflauern nicht nur so zum Schock.

Ein guter Rat muss her.
Das spürt der Vater immer mehr.
Soll er die Buben selber mit der Hand
dort hinter jener Bretterwand...?

Er sucht nach dem bestimmten Platz,
wo er kann rächen seinen Schatz,
will Faustrecht praktizier'n mit starkem Hieb!
Doch, hat man seine Tochter dann noch lieb?

Ein guter Rat muss her.
Der Vater plagt sich immer mehr.
Am nächsten Tag, er ist kein Psychopath,
will Vater präsentieren seinen Rat.

Doch fröhlich kommt die Tina heim,
vom Ärger in der Schule keinen Schein.
Der Vater denkt: Ich bin doch nicht im Schlaf?
Sind nun die bösen Buben brav?

»Mein Augenstern, was ist geschehn?
Ich möcht es gerne auch verstehn.«
Der Vater blickt verwirrt und arg geschasst.
Die Tochter sagt indessen kurz gefasst:

»Nun hab ich keinen Kummer mehr!
Die bösen Buben ärgert's sehr.
Weißt du, was ich jetzt mach, klipp-klapp?
Ich küsse sie, dann hau'n die ab!«

———————

*Für das Gedicht „Die bösen Buben" erhielt der Autor 2002
den "Bad Wildbader Kinder- und Jugendliteraturpreis",
Preis der Stadt Bad Wildbad.*

Glauben

Glauben
ist nicht Nichtwissen.
Glauben
ist eine Kraft,
die Wunder
vollbringen lässt;
den,
der glaubt.

Ewige Suche

Könige und Präsidenten
kriechen auf dem Bauch
und fressen Staub.

Malocher mit zerschundenen Knochen
siechen ohne einen Heller
für die letzte Decke.

Gierig grabschende Hände,
streitend trampelnde Füße
auf den Köpfen.

Keinen Augenblick Gewalt
über Aktien und Silber
bei Bösen und Guten.

Innovative Manager
fürchten die Horden der Hölle nicht,
sondern Schotter unter den Füßen.

Weder Geld und Glückseligkeit,
noch harte Arbeit und Gold
verfolgen einander.

Eilige wieseln vergeblich.
Wie hält man die Schüssel
richtig herum?

Oh WWW

Marc geht nicht mehr ins Ehebett;
surft durch die Nacht im Internet.
Schnell saust der Cursor kreuz und quer,
auf grellem Bildschirm hin und her.
Die Bücherei in Übersee,
beschert ihm einen alten Mord.
Mit Browser und dem WWW.
verschwindet er von dort sofort.
      Marc surft durchs weite Internet.

Ein neuer Klick, ein schönes Bild,
Marcs Neugier ist noch nicht gestillt.
Sehr bunt und da, der volle Ton!
Welch eine dufte Attraktion.
Sein Weib, die liebliche Jeanette,
indessen denkt an eine List.
sie muss allein ins kühle Bett,
weil Online nun im Hause ist.
      Marc surft durchs weite Internet

Marcs Leben war mal sinnlich pur.
Nun spürt er Maus und Tastatur.
Nichts ist ihm heilig oder fromm,
er zahlt ja an die Telekom.
Drum hat die liebliche Jeanette
sich bei der Freundin schlau gemacht.
Schau her, sagt Melanie, ich wett',
dies Mittel wirkt, auch für die Nacht.
      Marc surft durchs weite Internet

Verdächtigen wird Marc sie nicht,
obwohl, sie ist ein Bösewicht.
Nie sprach er über Bits und Bytes.
Er glaubt, dass sei für sie kein Reiz.
Verbot ihr am PC das Spiel,
denn das erfordre Wissen, viel.
»Die Maus ist für den Profi nur!«,
erklärt der Megachauvi stur.
    Marc surft durchs weite Internet

Am nächsten Abend lauscht Jeanette,
als Marc will surfen durch die Nacht.
Schon klickt der Schalter ganz kokett,
nun muss es kommen, wie gedacht.
»Verdammt, ein Virus im PC!«
Der Bildschirm flimmert voller Schnee.
Und Marc verflucht das World Wide Web,
ahnt nicht, woher das Handicap.
    Er findet Trost mit Pep im Bett.

Sechs Komma acht Gramm

Alaskas treu' Goldregenpfeifer
verpflegen sich mit Feuereifer.
Sobald es kühler wird im Norden
sind sie schön rund und fett geworden.

Denn siebzig Gramm an Treibstoff haben
sie unter Federn eingegraben.
Damit begeben sie sich munter
auf einen Flug nach Süden runter.

Hawaii bevorzugen recht viele,
das ist nun wirklich kein Gespiele.
Viertausend Kilometer trennen
vom Ziel, das muss man anerkennen.

Nur Wasser unter ihren Schwingen,
Naturgewalten sie umringen.
Kein Baum, kein Strauch, um zu pausieren
auch Schwimmen sie nicht praktizieren.

Gefahrvoll ist die weite Reise
und weit und breit gibt's keine Speise.
Dennoch, nach achtundachtzig Stunden
da haben sie ihr Ziel gefunden.

Dabei bleibt auch noch Treibstoff über,
ich zieh mir meine Rechnung rüber.
Sechs Komma acht Gramm Fette hoben
sie auf, im hohen Flug da droben.

Auf einen Kilometer brauchen,
ich will nicht mit Details Sie schlauchen,
kurz, siebenhundert Kilometer
vorm Ziel, da wäre viel Gezeter.

Denn aufgebraucht die Fettreserven
der Vogel hätte tote Nerven.
Goldregenpfeifer weiter fliegen,
weil ewige Gesetze siegen.

Um jene Inseln zu erreichen
der Vogel fliegt mit seinesgleichen.
Sie bilden keinerlei Gewimmel,
geordnet sieht man sie am Himmel.

Die Keilformation ist nützlich
sie senkt Luftwiderstand beträchtlich.
In etwa so die Vogelscharen
ein Viertel Energie einsparen.

Zeichen

Zeichen
zeichnen dich.
Aber du
bist mehr
als ein
Zeichen.

Im Garten

Was kam nicht aus dem Erdenschoß?
Sogar Kartoffeln, riesengroß.
Mit blühend Blattwerk wie ein Strauch,
und tiefe Furchen waren brauch.

Die erste Reihe, ach so lang,
und schnurgerad' bis an den Hang.
Die weit'ren Reihen ein Gedicht,
ob zehn, ob fünfzig, weiß ich nicht.

Eins, zwei, drei, vier, fünf, sechs, sieb'n, acht,
am Baum sie zählt, wie ausgemacht.
Einhundert!, rief die Loni laut,
bevor sie sich hat umgeschaut.

Bewegte sich da nicht ein Blatt?
Doch die Radieschen stehen glatt.
Auch hinterm Birnbaum steckt er nicht.
Wo kichert es, das Mondgesicht?

Das Kraut, so grün und hoch und wild,
Verbarg den Knaben wie ein Schild.
Doch nicht die Spinne, die dort wob;
sie schnell ihn aus der Furche hob.

Immer wieder montags

Der Montag ist ein schöner Tag,
weil ihn sogar das Unglück mag.
Die alten Römer mit Frohsinn,
sie weihten ihn der Mondgöttin.

Denn jene Dame, wohl uralt,
als reizbar und gefährlich galt.
In jener Mittelmeerkultur,
von Arbeit montags keine Spur.

Doch heute schert es niemand mehr,
man staune, bis auf den Friseur.
Am Montag ist der Chef oft herb,
gestört der große Wettbewerb.

Denn Krankenmeldungen im Pack,
vergrößern seinen Tränensack.
Das Unfallrisiko lebt auf,
verhindert jeden neuen Kauf.

Auch Blei im Kopf der Kunden ruht,
manchmal sind sie sogar beschuht.
Verstellt montags die inn're Uhr,
auch wenn es sind drei Stunden nur.

Der Wirt schaut montags auch nicht frisch,
was macht er nun mit altem Fisch?
Niemand - obwohl es gar nicht frommt -
ins Restaurant zum Feiern kommt.

Und auch die Kneipe an der Eck,
erfüllt nicht mehr den wahren Zweck.
Nur tote Hosen hängen da,
wie Leichen vor dem Traualtar.

Der Lustfaktor faktisch verprellt.
Im Bett nichts nettes sich einstellt.
Gegessen viel am Wochenend',
der Arzt im Blut vermisst den Trend.

Nur einer montags öfter lacht,
der Tag hat Anträge gebracht.
Er ändert gern den Status quo:
Der Scheidungsanwalt Soundso.

Das kostet Zeit und viel Geduld,
schließlich ist stets der andere Schuld.
Wer nicht so lange warten will,
der macht sein Leben selber still.

Denn montags mancher stumm vollstreckt,
was er in Einsamkeit verdeckt.
Drum Leute, es ist sonnenklar:
Es fehlt ein Tag schon immerdar.

Platzieret vor dem Mondentag,
nähm' er uns etliches an Plag.
Die Woche wär' dann wirklich schön,
es gäb' mehr Zeit für gut Geklön.

Die Glückshormone stiegen auf,
beflügelten das Hirn zuhauf.
Ich schlüge einen Purzelbaum,
nur her mit einem neuen Traum.

Umwelt

Neonlicht und Smog
fressen an der Seele
wie Rost am Chrom.

Ein kaum geöffnetes Veilchen
zwischen braunem Laub
haucht frischen Odem.

Verloren

Wer
Geld, Familie und Handy
verliert,
ist arm
dran.

Doch,
wer seinen Traum
verliert,
ist
verloren.

Die Lüge

»Lügen haben kurze Beine«,
doch sie sind nicht an der Leine.
In Gestalt der puren Wahrheit,
sorgen scheinbar sie für Klarheit.

Auch auf kurzen Beinen gehen
Lügen durch das Weltgeschehen.
Krümmen sich wie schöne Schlangen,
schwierig, alle einzufangen.

Schwer ist stets die erste Lüge.
Doch, das weiß man zu Genüge,
folgen schnell, fast automatisch,
weitere unbürokratisch.

Ausgeschmückt wird jede Lüge,
bis sie passt in das Gefüge.
Mag sie noch so herrlich winken,
irgendwann muss sie ertrinken.

Lügen führen nicht zum Himmel,
leuchte golden auch der Schimmel,
vor der Kutsche, ganz nach oben.
Mit der Hölle sie verloben.

Lüge wird dir wohl vergeben,
im Gedächtnis bleibt sie kleben.
Noch bevor sie dir entflogen,
hast du selber dich belogen.

Der Stein

Ein glatter Kieselstein sprach zum Gestirn:
»Ich nütze nichts, hab nicht einmal ein Spatzenhirn.«
Es haucht die Ewigkeit:
»Obacht, es kommt deine Zeit.«
Der Stein flog tags darauf in Goliaths Gehirn.

Noch ein Stein

Der Kieselstein vom Strand,
den Otto Kreiner fand,
war rund
und bunt
und drückte ihn im Nachtgewand.

Weitere Bücher
von Reinhard Staubach:

Wiedersehen in Lissabon -
Erzählungen

Starnitz - Eine Reise nach Pommern und Ostpreußen

Das Fledermaus-Sportfest - Illustrierte Erzählungen aus dem Reich der Fabeln

Dem Licht entgegen - Spirituelle Erlebnisse

www.reinhard-staubach.de